Jag är fri som en fågel

Susanna Wallrup

Tack
Jag vill börja med att tacka mina föräldrar, som alltid finns där i ur
och skur.
De stöttar mig oavsett hur jag mår, och jag hade aldrig klarat mig
utan deras stöd.
Ett varmt tack till Bengt O. Björklund, som har hjälpt mig att gå ige-
nom mina dikter och gett värdefulla råd.
Tack också till Ann Ljungberg för hennes lektörsläsning.
Jag vill även tacka mina två morbröder Samuel och Stig Engelhardt
som har hjälpt mig med layouten och det sista för att boken skulle
bli färdig.

Bilderna i boken är fotografier av Susannas tavlor.
Layout & Design: Engelhardt Design & Kommunikation AB
ISBN: 978-91-8097-103-4
© 2025 Susanna Wallrup
Förlag: BoD · Books on Demand, Östermalmstorg 1,
114 42 Stockholm, Sverige, bod@bod.se
Tryck: Libri Plureos GmbH, Friedensallee 273,
22763 Hamburg, Tyskland

Förord

"Jag är fri som en fågel " är min andra diktsamling.
När jag gav ut boken "Jag är ingen groda utan ben",
visste inte jag att det skulle bli en till diktsamling till. Ett
och ett halvt år senare är mitt nya manus färdigt.

I denna bok skriver jag om hur det känns att leva ett liv i
frihet. Jag får inte bestämma allt själv, utan jag har mina
regler vad jag får eller inte får göra, men jag får bestämma
det mesta själv. Det är helt underbart att känna att jag kan
bestämma över mitt liv. Jag kan bestämma när jag ska gå
ut, äta och när och vem jag ska träffa.

Det känns konstigt att tänka hur det var för ett år sedan
då jag levde ett liv i fångenskap och inte kunde bestämma
någonting.

Jag känner mig glad och stolt över de framsteg som jag
har gjort. Mina känslor beskriver jag genom att till exem-
pel skriva om väder, djur och natur och ordspråk.

Frihet

Nu är jag äntligen fri

Jag har levt ett liv i frihet ett halvt år.
Men inte förrän nu känner jag mig fri.
Det är en härlig men läskig känsla.
I hela mitt liv har jag levt i dåtiden
och tänkt tillbaka.
Idag släppte jag dåtiden,
och lever ett liv i nutiden.

Friheten

Nu är jag fri.
Nynnar på låten "Jag vill vara fri som en fågel".
Tänk nu är jag där efter sju år i fångenskap.
Fri och lätt som en fågel,
kan fälla ut mina vingar och flyga vart jag vill.
Ingen kan bestämma över mig nu.
Jag är fri!

Nu kan jag bestämma själv

Vad jag ska äta,
när jag ska sova,
när jag vill prata i telefon.
Hela sju år i fångenskap, men nu är jag fri!
Jag älskar livet och jag är fri!

Jag skriver i frihet

Sommaren har bara börjat,
och jag kan gå ut när och vart jag vill.
Sitter i timmar och skriver i parken.
Gör olika utflykter i Stockholm.
Pratade nyss med patienter på avdelningen.
De kan inte kan njuta av sommaren.

Leva i nuet

Jag lever i nuet och inte i dåtiden

Jag lever det liv som jag vill leva.
Det var länge sedan jag mådde så bra som jag mår nu.
Dåtiden har jag lagt bakom mig.
Jag njuter än.

Känslor

Jag kallade alla känslor för ångest

Vad känner jag?
Förr kallade jag alla mina känslor för ångest.
Då kunde jag inte förklara vad jag kände.
Antingen var det bra eller så var det ångest.
Det fanns ingenting mellan glad och ledsen.
Ingen förstod mig i början på Helix.
Men när jag lärde mig
sätta ord på mina känslor
ändrades mitt liv.
Jag mår mycket bättre
och omgivningen förstår mig.

Glad

Just nu är jag glad.
Eller, glad är fel ord,
jag är överlycklig!
Jag är nöjd med livet jag lever.
Jag är stolt över mina framsteg.

Ilska

Idag kokar ilskan i mig.
Man kan steka ägg på min panna.
Jag har ingen lust att göra någonting.
Jag vill lägga mig under sängen
och aldrig komma fram.

Sårbar

Du sårade mig verkligen.
Jag känner mig ledsen och besviken.
Jag hatade dig när du berättade
det där för mig.
Det var så taskigt gjort.
Du sårade mig.

Rädsla

Jag är rädd.
Nej, livrädd.
Det känns verkligen obehagligt.
Ingen kan få mig
att göra det igen.

Skam

Jag skäms och ångrar mig verkligen.
Jag vill be dig om ursäkt.
Hoppas du förlåter mig.
Jag har jättedåligt samvete.
Jag menade inget illa.

Hat

Jag hatar dig.
Jag vill aldrig se dig igen.
Du är den elakaste människa jag har träffat.
Du kan dra åt helvete

Osäker

Ska jag eller ska jag inte.
Det är jobbigt att inte kunna bestämma sig.
Andra blir också påverkade
om jag inte kan fatta ett beslut.
Jag blir påverkad om någon annan inte kan bestämma sig.
Sluta vela och fatta ett beslut!

Rädd att göra fel

Att våga kan vara svårt.
Att fatta beslut är svårare.
Rädd för att fatta fel beslut.
Velar men kan inte bestämma mig.
Tänk om jag fattar fel beslut och ångrar mig.
Jag kan inte bestämma mig.

Tårarna kommer fast jag inte vill

Jag är inte ledsen.
Jag känner inte ångest.
Men jag är heller inte glad.
Tårarna vill komma men det vill inte jag.
Jag hatar när tårar kommer när jag inte vill.
Jag vill inte börja gråta när andra är med.
Varför kommer tårarna när jag inte vill?
Jag är väl inte ledsen?

Allt är nytt

Svårt att känna sig trygg,
när man inte vet hur dagen ser ut.
Får kommentaren: alla känner så i början.
Men vad hjälper det att man får den kommentaren.
Jag är ny och vet absolut ingenting.
Jag vet att jag inte är ensam att känna så,
då allt känns nytt.

Ensam

Ensam

Jag är inte ensam.
Vissa har ingen som bryr sig.
Tänk om jag inte hade någon,
men jag har de som bryr sig.
Är glad och tacksam för det.
Varför känner jag mig ändå så ensam?

Jag hatar att vara ensam

Samtidigt kan jag tycka om
att sitta ensam i mitt rum och skriva.
Jag blir störd om någon kommer.
Men hur kan andra veta,
när jag inte vill vara ensam?

Finns det någon som kan tycka om mig

Jag lever mitt liv ensam.
Lever utan någon att älska.
Ett liv utan beröring.
Finns det någon som kan tycka om mig
som den jag är?

Vänskap

Jag kommer aldrig glömma dig Torsten

Du finns i våra hjärtan

Du var glad och såg ut som du mådde bra.
Natten mellan lördag och söndag somnade du in.
Jag hade velat säga så mycket.
På måndagen sa de att du hade dött.
Alla var ledsna och inget kändes som vanligt.
Tomt utan dina positiva kommentarer.
Inget kommer vara som förr.
Alla vi deltagare och personal saknar dig.

Du lyser upp som solen

Du lyste upp hela verksamheten.
Det är så tomt utan dig.
Jag kände dig inte så bra.
Men jag saknar dig jättemycket ändå.

Jag vill köpa nya tulpaner

Tulpanen har vissnat.
Men du är kvar i mitt hjärta.
Jag skulle vilja köpa nya tulpaner.
Så att du lever kvar fastän du är död.
När tulpanen lever så är det som du fortfarande lever.
Jag vill att det alltid finns en blomma bredvid ditt fotografi.

Ingen lever för evigt

Ingen vet hur länge vi kommer att leva.
Ta vara på den tid du lever.
Du kommer inte leva för evigt.

En vän

En vän ska vara snäll.
En vän ska lyssna och ge råd.
En vän ska finnas när man är ledsen.
Man ska kunna ha roligt tillsammans.
Det ska vara ömsesidigt.
Jag ska lyssna när du behöver prata.
Jag ska lyssna och ge råd.
Det är viktigt att ha vänner.

Jag har fått många nya vänner

Från en,
till många.
Jag är glad att jag har vänner.
Tänk vilken tur jag har som har många vänner.
Jag försöker finnas till så de vet att jag finns.
Det är viktigt att ha vänner.

Kan jag lita på dig?

Du ringer mig och vill prata.
Jag känner mig fortfarande besviken.
Du vill träffa mig igen.
Jag vill inte bestämma något.
För jag är rädd för att bli sviken igen.

Vill du verkligen att vi ska vara vänner

Du ställde in åter igen.
Jag blev jätteledsen och besviken.
Jag vet att du inte menade något illa.
Jag känner att jag har förlåtit dig för många gånger.
Du fortsätter ställa in gång på gång.
Jag har fattat beslutet att inte ge dig fler chanser.
Du är ingen vän eftersom du bara ställer in.

Är vi riktiga vänner?

Om jag är glad skrattar jag
Om jag är ledsen gråter jag.
Om något känns fel säger jag det
Om du är ledsen finns jag för dig.
Om du behöver prata kan du prata med mig.
Jag berättar aldrig vidare det du säger till mig.
Du kan lita på mig.
Hoppas att du gör samma sak för mig.
Vi är vänner och vi ska finnas för varandra.

Alla ska få vara med

Tänk vad hemskt att känna sig rädd varje dag.
Alla ska våga säga vad de tycker.
Ingen ska vara taskig mot någon,
prata bakom ryggen.
Alla ska känna sig trygga.
Alla ska få vara med.
Alla ska känna att man får vara sig själv,
vara den man är.
Ingen människa är den andra lik.
Alla är unika och lika mycket värda.

Saknad

Jag vill att vi ska vara vänner.
Det är tråkigt att vi nästan
har tappat kontakten.
Det är nästan två år sedan vi sågs.
Då fanns vi där för varandra
både när vi var glada eller ledsna.
Nu pratar vi sällan.
Men vi har ändå inte helt tappat kontakten.
Jag hoppas att vi inte gör det.
Jag vill att vi ska fortsätta vara vänner.

Själv-
förtroende

Nu har mitt självförtroende vuxit

Numera kan jag säga att jag kan något.
Jag tycker inte längre att jag är värdelös.
Förr sa jag att jag inte kunde
innan jag ens hade försökt.
Nu för tiden försöker jag alltid
innan jag säger att jag inte kan.

Att läsa upp en dikt

Jag kan mer än vad jag tror.
Jag är modig och tuff.
Tuffare än vad du tror.

Att inte våga är fegt

Att inte våga är fegt.
Jag vågade.
Du sa: Vad modig du är!
Snälla, läs en dikt till imorgon.

En jobbig dag gav mig inspiration till att skriva

Allt kändes jobbigt när jag vaknade.
Ångest och jobbiga tankar.
Svårt att få något gjort.
Ett samtal med läkaren ändrade allt.
Ångesten minskade.
Han försökte hjälpa mig att hitta en lösning.
Skönt att känna att det är någon som bryr sig.
Ingen vill att jag ska ha ångest och må dåligt.
Jag mådde mycket bättre och skrev sex nya dikter.
Tänk vad man kan ändra på saker genom att prata.

Ta inte ut rädslan i förväg

Det kan bli bättre än vad du tror.
Säg inte, jag vågar inte.
För du vågar!
Du läste upp en dikt.

En bra problemlösare

Om jag oroar mig för något
ringer jag någon och pratar.
Oftast ringer jag mamma.
Hon är bra på att ge råd.
Hon är en riktig problemlösare.
Hjälper mig ofta att hitta lösningar.

Svårt att veta hur jag ska göra

Svårt att säga nej.
Vill inte svika.
Vill inte lämna återbud.
Hatar när andra gör det.
Jag vill träffa pappa på söndag!

Det gäller att våga

Spännande att göra något nytt.
Samtidigt är det jobbigt.
Inte veta vad som kommer att hända.
Inte känna någon.
Man måste våga göra något nytt.

Det var lättare än vad jag trodde

Ofta tycker jag att det är jobbigt att ta avsked.
Denna gång var de inte det så.
Det kändes helt rätt.
Jag kände mig inte alls ledsen,
utan det kändes som en lättnad.
Spännande att börja med något nytt.
Jag känner mig glad för mitt beslut.
Jag har aldrig tagit avsked med glädje.
Tidigare var det värsta jag kunde göra.

Måendet skiftar dag för dag

Vissa dagar mår jag bra och allt känns bra,
och allt flyter på.
Andra dagar mår jag dåligt,
och ingenting går.
Försöker att göra något jag tycker om.
Som kanske gör att jag mår bättre.
Idag vill jag inte göra något.
Jag känner ingen energi.
Jag har inte tålamod.
Självförtroendet är i botten.
Jag vill bara gömma mig under täcket
och aldrig komma fram.
Men andra dagar är jag glad
och har positiva tankar.
Allt känns bra och jag är glad.

Lära mig nya saker

Jag har svårt att lära mig nya saker.
Jag förstår hur jag ska göra i huvudet,
men mina händer gör inte som jag vill.
Ofta ser det inte snyggt ut.
Som om en treåring har gjort det,
inte som jag vill.
Men jag gör alltid mitt bästa.

Ordspråk

Man får ta dagen som den kommer, säger man

Tänk om det händer något roligt
just idag!
Jag är bra på att oroa mig för sådant
som inte har hänt.

Lite hipp som happ, heter det

Inget spelar någon roll.
Det blev inte som jag tänkt.
Det blev lite hur som helst.
Jag är inte nöjd med resultatet.

Man ska aldrig säga aldrig

säger de hoppfulla.
Man ska inte säga
att man aldrig kommer att försöka
för att det känns omöjligt.
En dag kanske du försöker
och det omöjliga var möjligt.

Att knyta näven i byxfickan
kan vara både bra och dåligt

Man ska alltid tänka efter
innan man säger eller gör något.
Tänk efter vilka konsekvenser det får.
Du kan säga något som du sedan ångrar.
Eller också sa du inget
vilket du sedan ångrade.

Nu är det kokta fläsket stekt

säger du oroligt.
Du har gjort bort dig,
nu får du stå för det du har gjort.
Du skäms och ångrar dig,
men man kan inte göra det gjorda ogjort.
Du mår dåligt av det,
men det finns inget att göra.

Man får ta tjuren vid hornen, säger vi

Du måste ta tjuren vid hornen
även när du är rädd.
Du kan inte smita undan,
du måste göra det,
även om det känns farligt just då.
Det kan komma att kännas bättre efteråt.

En gång är ingen gång, sade någon

Du misslyckades första gången,
men du får en ny chans.
Du är glad att du får göra ett nytt försök.
Kanske lyckas du den här gången.

Hålla tungan rätt i munnen, är en varning

Tänk på vad du säger innan du säger något.
Du kan säga något som du sedan ångrar.
Tänk om du gör någon ledsen.

Smid medan järnet är varmt, heter det

Passa på när du har chansen.
Du kanske inte får en chans till.

Man ska inte måla fan på väggen

Överdriv inte din oro innan något har hänt.
Det kanske inte är så farligt som du tror.
Det kanske kommer något bra ändå.
Det är dumt att oroa sig i onödan.

Slå två flugor i en smäll, sa någon

Du kan göra två saker på en gång.
Du kan lyckas med det
och känna dig nöjd med resultatet.
Kul att de inträffade samtidigt.

Det kommer som ett brev på posten, heter det

Du fick som du ville och
du behövde inte göra något.
Det gick av sig själv.
Ibland flyter allt bara på.

Att ta sig vatten över huvudet, kan hända

Jag är bra på att ta på mig
mer än vad jag klarar av.
Ofta när jag vill för mycket mår jag dåligt.
Jag måste lära mig att ta en sak i taget.
Ibland måste någon påminna mig
att jag ska ta det lugnt.

Ropa inte hej förrän du är över bäcken, sa du

Ta inte ut segern i förskott.
Det kanske inte är så lätt som jag tror.
Tänk om jag inte klarar det.

Ordspråk
med djur

Kvittrar som en lärka

Jag är oftast glad och skrattar.
Det smittar ofta av sig.
Då blir andra också glada.

Stolt som en tupp

Jag är glad och stolt
över min första diktsamling.
Snart är jag färdig med min andra.

Hungrig som ett lejon

Jag är jättesugen
på att lära mig nya saker.
Jag gör alltid mitt bästa.

Långsam som en snigel

Det tar längre tid för mig
att lära mig något nytt,
men när jag har lärt mig så kan jag.

Rädd som en hare

Jag blir rädd och osäker när jag inte
har kontroll över vad som kommer att hända.
Har jag inte kontroll tappar jag fotfästet.

Slug som räven

Jag är slug och jag är smart.
Kommer ofta på kloka lösningar
på hur jag ska göra.

Flitig som ett bi

Jag är en flitig kvinna.
Sitter ofta och skriver eller pysslar.
Jag kan sitta koncentrerad i flera timmar.

Att vara haj på något

Jag är duktig på att pyssla med mina händer.
Det är roligt att lära andra det jag kan,
att sitta tillsammans och pyssla.

Trofast som en hund

Gör precis som jag blir tillsagd.
Frågar alltid om lov innan jag gör något.
Man kan lita på mig.

Hönsmamma

Min mamma är en riktig hönsmamma.
Jag förstår att hon oroar sig när jag mår dåligt.
Då gör jag inte alltid bra val.
Jag är glad att hon bryr sig om mig
och vill mitt bästa.

Sitta hemma och uggla

När jag mår bra är jag aktiv och är gärna ute och gör saker.
Men när jag mår dåligt sitter jag hemma och ugglar.
Vill inte gå ut och vill bara ligga under täcket.

Skriva

Skrivterapi

Jag skriver när jag är glad.
Jag skriver när jag är ledsen.
Jag skriver när jag vill förmedla mina känslor.
Jag skriver när jag vill berätta.
Jag älskar att skriva.

Några ynka ord kan bli en dikt

Tänk dig att några vanliga ord kan bli en dikt
som beskriver vad du känner.
Skriva dikter är mitt sätt att utrycka mina känslor.

Sitter på fiket och skriver

Jag har fantastisk inspiration.
Vill skriva ner allt som jag tänker.
Tankarna går fortare
än vad jag hinner skriva.
Fingrarna hinner knappt med.
Orden blir till meningar.
Plötsligt är en ny dikt skriven.
Jag är en riktig poet.

Inspiration

Nu skriver jag som en galning.
Jag har sådan flyt.
Kommer på nya dikter hela tiden.
Jag skriver det som jag har lust att skriva.
Plötsligt har en ny dikt dykt upp.
Dikterna kommer från mitt hjärta.

Jag skriver och skriver

Underbart med inspiration.
Jag kan inte sluta skriva.
Igår satt jag i parken
och skrev i över två timmar.
Nu har jag skrivit tio dikter idag.
Det är kul när man är inspirerad.

Skriver på landet

Skriver och skriver.
Fullt fokus.
Inga måsten.
Bara skriver.
Nya dikter
kommer till världen.
Jag älskar att skriva.

Det finns inga måsten

Sitter på landet och skriver.
Ser snön på isen och solen skiner.
Flera dagar att skriva.
Känner inspiration.
Inget kan hindra mig från att skriva.
Inga saker som jag måste göra.
Det enda måstet är att göra middag.
Nu kan jag sitta och skriva i flera timmar.

Svårt att få ro till att sitta och skriva hemma

Kommer på saker hela tiden som jag måste göra.
Som att städa, tvätta, laga mat och diska.
Går till fiket och skriver men känner att jag måste gå hem.
Det är dags att laga middag.
Svårt att ha fokus när andra pratar.
Det bästa som finns som nu är att sitta och skriva
på landet hos mamma.

Jag vill inte bli störd

Vill ta bort ljudet på telefonen.
Vill inte att någon ska ringa.
Samtidigt vill jag vara kontaktbar,
tänk om något viktigt händer.
Någon som vill något viktigt.
Om telefonen ringer
tappar jag mitt fokus på att skriva.

Känner krav på att alltid vara tillgänglig

När jag ringer någon vill jag att den svarar.
Blir orolig om den inte svarar.
Tänk om det har hänt något.
Jag svarar oftast fast jag egentligen är upptagen.
Vet hur jag känner när ingen svarar.
Som nu vill jag sätta telefonen på ljudlöst.
Jag vill sitta och skriva ostört.
Nu gör jag det som jag inte brukar,
Jag ställer den på ljudlöst.

Skapa

Skapa är det bästa som finns

Det finns tusentals saker
man kan skapa med händerna.
Man kan göra pärlplattor, pixelhobby,
färglägga bilder, skriva, måla mm.
När jag skapar försvinner alla problem.
Då är det är bara skapandet och jag som existerar.
Jag har hittat min grej. Det är att skapa.

Pärlhalsband

Från början är det en ask med pärlor.
Jag klipper av en fiskelina,
bestämmer vilka färger jag ska ha på pärlorna.
Trär på pärlorna efter ett mönster.
Avslutar med ett lås.
Jag har skapat ett armband!

Livet är som pärlornas färgpalett

Rött som hjärta och kärlek.
Blått som himlen och vattnet.
Grönt som gräset.
Gult som solen.
Vitt som molnen.
Det blir en vacker bild.
Blandar man färgerna,
blir det ännu fler nyanser att använda.

Tvåradingar

Jag vill hjälpa, finnas till och stötta andra,
men det är svårt när jag själv mår dåligt.

Jag har börjat våga säga vad jag tycker och vill.
Det har gjort att mitt självförtroende har vuxit.

Alla människor kan.
Det gäller bara att våga.

Jag är glad att jag kan stå på mig,
när det är något jag tycker känns fel.

Svårt att fatta beslutet att sluta.
Men det var det bästa beslut jag fattat.

Svårt att fatta beslut när man inte vet vad man får.
Man vet ju hur det har varit innan men inte vad som blir.

Jag är stolt att jag fattade beslutet.
Att prova någonting nytt som jag inte har gjort tidigare.

Man kan inte skylla på någon annan.
Det är bara jag som kan fatta mina beslut.

Man ska leva i nuet.
Det är lätt att leva i det som redan har hänt.

Det är lättare att tänka tillbaka,
än att leva i nuet och tänka framåt.

Det är bara jag som kan ändra mitt liv.
Har inte jag själv viljan så går det inte.

Tänk efter innan du säger något.
Du gjorde så jag blev ledsen.

Jag vet att du inte menade något illa,
men jag blev jätteledsen och besviken.

Ingen kan göra rätt på första försöket
Det viktigaste är att du försökte och gjorde ditt bästa.

Årstider

Det är vinter

Det är kallt ute och jag fryser.
Längtar till att stå mot husväggen och
känna hur solen värmer.
Längtar till att se träden knoppa.
Längtar till första glassen i solen.
Längtar till det är ljust på kvällen
Längtar till att klä av mig vantar och mössa.
Jobbigt att tänka att jag får vänta flera månader.
Jag längtar till våren.

Vad vackert det är ute

Allt är vitt och täckt med snö.
Snön är inte helt vit.
Den är gul där hunden kissat.
Snöflingorna singlar ner på marken,
stora steg i snön.
Undrar vem som har gått på gatan?
Snön gnistrar i solen.
De små kristallerna har massor av färger
-6 grader,
Knarrar när jag går
Jag älskar det knarrade ljudet.
Vill slänga mig i snön och göra en snöängel.

Knäpptyst

Inga lastbilar eller tunnelbana.
Kan ha fönstret öppet.
Känner den kalla vinden från fönstret.
Helt knäpptyst.
Längtat till att öppna fönstret hemma.
Talande röster från perrongen.
Jag öppnade fönstret en stund igår.
Hör: se upp för dörrarna.
Nu hör jag ingenting.
Skönt att ha fönstret öppet.

Det är kallt i rummet

Knäpptyst.
Inte ett enda ljud hörs.
Känner kylan från fönstret.
Fryser men vill inte stänga fönstret.
Sätter på mig min fluffiga tröja.
Nu kan kylan inte skrämma mig.
Jag tänker inte stänga fönstret.
Njuter av att ha fönstret öppet.

Snart är vintern slut

Snart är det vår och inte långt till sommaren.
Snart kan jag gå till parken och skriva.
Inte behöva vara inne längre.
Njuta av solen.
Om någon månad kan jag bada i sjön.
Slippa klä på mig varm jacka, mössa och vantar.
Bara gå i en sommarklänning.

Snart är det vår

Flera månader med kala träd och utan blommor.
Snart är det vår och då får alla träd blad och blommor blommar.
Vintern är alldeles för lång.
Jag längtar till våren.

Snart är det sommar

Skriver på mammas land.
Får mig att längta till sommaren.
Plocka bär och tomater.
Sitta ute på altanen och skriva.
Ta en skön promenad och
sedan ta ett svalkande dopp i Mälaren.
Tänk det är bara några månader kvar,
tills det är sommar.

Jag älskar att simma

Jag simmar i poolen.
Jag älskar ljudet från mina simtag.
När jag simmar minskar alla problem.
Det är bara vattnet och jag.
Det negativa tankarna bleknar
och mina positiva tankar kommer fram.
Jag mår bra av att simma.
Jag känner mig fri som en fågel.

Fågelkvitter

Sitter ute och lyssnar på vinden
och fåglarna som kvittrar.
När de kvittrar,
pratar de med varandra.
Njuter av att fåglarna
fyller luften med ljud.
Undrar vad de säger?

Lövens sång

Träden svajar.
Trädkronorna följer vinden.
Ljudet från vinden fyller mig
när jag sitter ute och skriver.
Vinden ger mig inspiration.

Vällingby

Sitter och skriver hemma i lägenheten.
Se upp för dörrarna, dörrarna stängs
hör jag när jag sitter hemma och skriver.
Omöjligt att ha öppet fönster.
Inga fåglar hör jag,
bara högtalarens röst.
Ingen inspiration alls.

Adelsö

Nu sitter jag på altanen
och njuter av fåglarnas sång.
Tusentals olika fågelläten.
Undrar vilka fåglar jag hör.
Skönt att slippa höra tunnelbanan.
Nu kan jag skriva
och samtidigt höra fåglarnas kvitter.

Varför sa du så

Det var en onödig kommentar.
Jag blev jätteledsen och tog illa vid mig.
Jag kände mig även arg men valde att gå därifrån.
Det är bättre än att gå ifrån än att stanna kvar
och stå där och tjafsa.
Det var första, hoppas det var sista gången du gjorde så.

Snart ett år
i frihet

Snart har ett år gått

Nu har jag varit på boendet nästan ett år.
Jag lever det liv jag vill leva.
Jag längtar inte tillbaka.
Ingen kan bestämma över mig.
Nu sitter jag på fik och skriver.
För lite mindre än ett år sedan levde jag ett liv i fångenskap.
Nu är jag fri.
Jag har glömt bort hur det är att inte få bestämma allt själv.
Jag är så glad.

Jag är glad att jag vågade ta beslutet att sluta på min dagliga verksamhet

Det har blivit så mycket bättre.
Kan promenera till min dagliga verksamhet.
Tycker det jag gör är meningsfullt.
Personalen lyssnar på mig,
Har fått nya vänner.
Jag ångrar mig inte att jag valde att sluta.
Jag är så glad.

Att kunna bestämma själv

Säger till om något känns fel.
Gör det som känns rätt för mig.
Vågat säga ifrån om jag inte vill.
Fått nya vänner som bryr sig.
Fått en meningsfull vardag.
Tänk dig för ett år sedan levde inte jag så här.

Vällingby

Inte långt till stan.
Nära till tunnelbana.
En halvtimme till Stockholm.
En mysig stad.
Nära till vatten.
Fått nya vänner.
Tänk vad bra jag har det.
Lever det liv jag vill leva i frihet.